LA RÉPUBLIQUE

ET

LES D'ORLÉANS.

EXTRAIT DU *COURRIER DE NANTES,*

Février 1851.

LA RÉPUBLIQUE

ET

LES D'ORLÉANS

De tous les coups qui frappèrent le dernier roi des Français, dans les premiers mois de 1848 , le plus cruel ne fut pas la perte du trône. Le 16 mars de cette année , apprenant qu'un decret de bannissement contre sa famille allait être présenté à l'Assemblée Nationale , il écrivait à l'intendant de sa liste civile :

« Ce qui me révolte , ce qui fait bouillir mon sang , c'est de me voir moi et. les miens, voué au bannissement! moi qui, comme roi , n'ai jamais fait la plus légère infraction à la Charte et aux lois jurées! moi le doyen de ces vétérans qui, dans les plaines de la Champagne, ont sauvé la France de l'invasion des armées étrangères !... Ne s'élevera-t-il donc pas dans le sein de l'Assemblée Nationale quelque voix généreuses qui rappelle les glorieux services que tous mes enfants ont eu le bonheur de rendre à la France, eux qui, dès leur jeune âge , n'ont connu d'autre ambition que celle de lui consacrer leur vie et de verser leur sang pour elle ? Et ce serait eux que la France repousserait ainsi de son sein ! La récompense de leur dévouement serait donc le bannissement sur la terre étrangère! »

Il fallait boire le calice jusqu'à la lie ! Quelques jours après , entouré de ses enfants, Louis-Philippe écoutait la lecture des journaux de France. On y annonçait l'adoption de la loi de bannissement. Le roi était bouleversé par la douleur. Cependant il voulut connaître les noms des représentants qui avaient pris part au scrutin de division. On arriva à un nom que Louis-Philippe devait regarder comme le nom d'un ami. Cet ami de la Monarchie de Juillet et du monarque avait voté pour le bannissement ! « N'allez pas plus loin, s'écrie le roi ; ne lisez que les noms des membres qui ont voté contre le bannissement. Mes enfants, ne vous souvenez que de ceux-là ; oubliez les autres ! »

Ah ! sans doute, tout ce qu'il y a d'amer au fond de cette générosité n'était pas mérité. Il peut se présenter dans la vie des circonstances où l'intérêt public paraisse devoir étouffer les sentiments les plus naturels, et où l'on cède à l'élan du patriotisme, au risque de paraître céder à l'ingratitude. Nous comprenons ces nécessités inflexibles de la politique ; nous comprenons qu'on y obéisse lorsque le salut d'un peuple, la tranquillité d'un pays, la stabilité d'un gouvernement, paraissent en dépendre. Mais le malheureux Roi avait éprouvé tant de déceptions, rencontré tant d'ingratitudes dans le chemin de l'exil, qu'il devait prendre pour de nouvelles défections du cœur, ces sacrifices faits, sans doute, à l'accomplissement des devoirs du citoyen. Cette pensée qu'il ne restait plus pour lui et pour les siens, au fond de l'âme de ses anciens amis et des coopérateurs de son œuvre politique, ni un peu d'attachement, ni même un peu de compassion, fut assurément la plus cruelle de ses infortunes !...

La nécessité qui pouvait paraître impérieuse, deux mois après la fondation de la République, existe-t-elle encore aujourd'hui ? Nous ne le pensons pas. Aucun de ceux qui, en prenant part au vote du décret de bannissement, ont obéi, non à des ressentiments implacables, mais à des considérations politiques puisées dans la situation du moment, ne le pensera. Le temps, s'il n'a pas malheureusement pacifié ce pays et fait disparaître les partis qui l'ont tant de fois déchiré et troublé de leurs querelles, a cependant calmé bien des souvenirs irritants, et adouci bien des haines : à mesure que le passé s'éloigne de nous et que son rétablissement est rendu ainsi plus impossible, on devient juste envers lui. Ce ne sont donc plus les anciens soutiens de la Monarchie Constitutionnelle qui peuvent arguer de la situation présente, pour le maintien des lois de proscription. Depuis six mois, le roi Louis-Philippe est mort : sa cendre restée sur le sol glacé et hostile de l'Angleterre, attend les quelques pieds de terre de la patrie nécessaires à sa sépulture. Seront-ce les hommes associés à la politique du roi constitutionnel qui les lui refuseront ? refuseront-ils à ses fils la consolation de déposer cette dépouille mortelle dans le tombeau de leurs ancêtres ? — D'une autre part, la haine qui a poursuivi le père jusqu'en deçà du cercueil, s'acharnera-t-elle après les enfants en les privant du titre de citoyen ? leur interdira-t-elle l'accomplissement du plus sacré des devoirs ?

Mais nous parlons de haine et nous calomnions sans doute les adversaires de la famille d'Orléans. Comment supposer qu'ils puissent détester des princes qui, jusqu'au dernier jour, ont accompli avec fidélité toujours, avec héroïsme souvent, leurs devoirs de citoyen ! Il existe à leur égard des préventions, des antipathies, mais des haines ! A moins qu'elles ne soient aveugles et sauvages, où auraient-elles pris naissance ? Où seraient leur raison d'être et leurs griefs ? Quant à la France, elle se souvient avec affection de ces jeunes gens : elle n'a pas oublié la lettre sublime de patriotisme qu'adressaient au gouvernement provisoire les ducs d'Aumale et de Joinville, prêts à quitter l'Algérie pour suivre dans l'exil le vieillard dont ils avaient pu ne pas approuver constamment la politique, mais avec lequel ils revendiquaient la dure solidarité du malheur. Elle se souvient de ces communications faites au journal la *Presse* par l'indiscrétion d'un ami de M. le

Prince de Joinville, épanchements intimes du cœur, où il y a une peinture si touchante des joies de la famille, un dédain si profond des splendeurs du trône, tant de philosophie, de poésie et de patriotisme, pages grâcieuses comme l'idylle du foyer domestique, nâvrantes comme la lamentation de l'exil !..

Mais, selon certains esprits inquiets, l'obstacle au rappel des d'Orléans serait précisément dans l'espèce de faveur, dans la popularité qui s'est attachée à leurs infortunes et au souvenir de leur conduite passée. Ils sont princes, dit-on, ce titre est un danger pour la liberté, une séduction qui serait fatale à la naissante République si, une fois encore, elle y succombait. Rappelés en France, qu'ils le veuillent ou non, les d'Orléans deviendraient chefs de parti.

Telle est l'objection dans toute sa force. Si nous avions trouvé qu'elle s'appuyât sur les faits, qu'elle fût autre chose que l'exagération d'une défiance injuste, — nous nous serions arrêtés ici. Mais après l'avoir méditée en homme consciencieux, il nous a paru qu'elle manquait de tout fondement solide.

Et d'abord, pour admettre que le rappel des d'Orléans mettrait à la tête d'un parti les chefs qui lui manquent en France, il faut examiner ce qu'on appelle le parti Orléaniste.

Je vois, à la vérité, dans l'Assemblée Législative, d'anciens ministres et d'anciens partisans de Louis-Philippe : M. Thiers, M. Molé, M. de Broglie, M. Jules de Lasteyrie, M. Barrot, M. Léon Faucher, M. de Montalembert et beaucoup d'autres. Peut-on dire qu'ils forment un parti ? Un parti a un but commun, des principes communs, une ligne de conduite dessinée. Quels liens, je vous le demande, quels principes communs, rallient ces hommes considérables que chaque question nouvelle jette dans des camps opposés ? Est-ce le même chef, est-ce le même mot d'ordre qui inspire à chacun une conduite si différente ? Ce qu'on appelle les Orléanistes ne sont pas un parti aujourd'hui, pas plus qu'ils n'étaient un parti la veille et le lendemain de la révolution de février. Ce sont des hommes qui ont conservé un souvenir plus ou moins bienveillant, un attachement plus ou moins sincère, des regrets plus ou moins vifs pour l'ancienne famille royale : il n'y a pas entre eux d'autre point de contact. Sur le respect du passé, ils peuvent s'entendre encore ; sur l'avenir, ils ne s'entendent plus. Arrivés à la ligne qui sépare le connu de l'inconnu, nous voyons presque autant de systèmes différents qu'il y a d'individualités. Les uns croient à la durée de la République, et sont décidés à y travailler loyalement. D'autres espèrent sa chute et rêvent, avec le rétablissement de la Monarchie Constitutionnelle, le retour, sur le trône, d'un d'Orléans. Mais combien y en a-t-il de dévoués, du fond du cœur, à cette espérance de restauration ! La révolution a donné le dénombrement des dévouements orléanistes : les fils de Louis-Philippe ne peuvent l'avoir oublié : que les républicains s'en souviennent donc !

Un parti prend sa force, puise son ardeur dans un principe. Quel pourrait être le principe des Orléanistes ? Je regarde dans le passé : je vois deux dates inséparables, 1789, 1830, qui sont l'expression d'un grand fait, l'exercice de la souveraineté nationale, et dont l'année 1848, date de la proclamation de la République et de l'élection de son président, est la fille directe. Est-ce sur ce terrain de la souveraineté nationale que se placent les Orléanistes ? S'ils l'acceptent, ils sont républicains. S'ils en adoptent un autre, ils sont légitimistes, c'est-à-dire ils ont, politiquement parlant, cessé d'exister.

Mais, encore une fois, il n'y a pas de parti Orléaniste. Il peut se rencontrer çà et là des affections froissées, des ressentiments et des regrets qui s'agitent dans une certaine malveillance contre la République. Ne cherchons pas autre chose. Encore cette haine est-elle réduite à l'impuissance, car que faire pour le rétablissement de la Monarchie Constitutionnelle, en se servant du principe même qui a eu son corollaire, — inévitable tôt ou tard, — dans la fondation de la République ? Se peut-il qu'il y ait des gens assez illogiques pour espérer que l'édifice qu'ils ont vu tomber se relèvera tout-à-coup, soit de lui-même, soit sous l'action de la force qui l'a détruit ? Mais, en supposant l'impossible, en supposant les choses redevenues telles qu'elles étaient avant 1848 : — la chambre des pairs siégeant au Luxembourg, les députés nommés par des électeurs censitaires à 200 francs, gouvernant, de concert avec le fils ou le petit-fils de Louis-Philippe replacé sur le trône par la volonté du suffrage universel, — je demande qu'est-ce qui voudrait d'un tel gouvernement ? quelle confiance il pourrait inspirer ? quelles garanties de stabilité et de durée il offrirait ? Est-ce qu'il serait en son pouvoir de détruire le passé ? Est-ce qu'on ne devrait pas craindre de le voir à chaque instant renversé, comme en 1848, par le pouvoir souverain qui l'aurait successivement chassé et rappelé ? Sous l'empire de la souveraineté nationale, il n'y a plus de possible, chez une nation comme la France, que des fonctionnaires révocables, que des fonctionnaires que le Peuple place, congédie et emploie au gré de ses intérêts.

Un tel gouvernement, on en conviendra, ne vaudrait pas d'ailleurs la République; c'est quelque chose de vacillant, d'éminemment précaire, quelque chose de complexe et d'irrégulier, qui ressemble à la République par la base, qui en diffère par le sommet, et qui a les inconvénients de celle-ci, sans ses avantages. Au moins, dans la République la mobilité est réglée par certains rouages que le pays lui-même a établis et qui fonctionnent sous ses yeux régulièrement. On sait que tous les quatre ans l'Assemblée est renouvelée, le président remplacé. Dans le commencement, ces appels périodiques au suffrage universel pourront être précédés et suivis de vives émotions. Bientôt on s'y fera, comme on se fait à tous les mouvements réguliers, comme le riverain se fait au flux et au reflux de l'Océan. Mais ne parlez pas des accidents brusques qui éclatent au sein des monarchies constitutionelles ! Qu'on les pressente vaguement : chacun est inquiet, le mouvement de la vie est suspendu, car on ne sait ni l'heure, ni le moment de l'explosion. Qu'on ne les attende pas : ils emportent tout, ils triomphent sans obstacle, ils saisissent une nation et la précipitent de la sécurité dans l'abîme ! — Le Peuple dit au Monarque Constitutionnel : « Je t'ai porté au trône, je te donne la royauté et l'irresponsabilité en droit, à la condition que tu ne gouverneras pas et que tu seras en fait responsable, si l'on gouverne mal, sous ton nom. Rappelle-toi que tu es mon mandataire : qu'ayant le droit de te mettre là où tu es, j'ai le droit de t'en chasser, au moment qui me conviendra : que toutes les garanties, je les prends contre toi et ne t'en laisse aucune contre ma volonté. Rappelle-toi enfin que je suspends sur ta tête une épée dont ma fantaisie peut briser le fil, à toute heure. »

Le peuple dit au président de la République : « Je vous charge du pouvoir exécutif pour quatre ans. La nature de vos fonctions est déterminée; leur durée est limitée étroitement : c'est une garantie que je vous donne contre ma mobilité excessive. Vous serez tranquille et protégé pendant quatre années, parce que ce terme n'excède pas ma patience et que d'ailleurs il me donne la certitude de ressaisir l'exercice de ma souveraineté, à son expiration. »

Lequel vaut mieux, pour la tranquillité publique, de ces deux Systèmes ? l'un rend l'action, la manifestation de la volonté populaire périodique ; l'autre, pour n'avoir pu la contenir en lui creusant un lit profond, se voit à chaque instant menacée de périr sous son débordement.

Le roi Louis-Philippe n'a jamais songé à chercher une autre base et une autre force, pour son trône, que le principe de la souveraineté nationale. Jusqu'au dernier moment, il s'en est reconnu l'esclave. Louis-Philippe était brave : il avait la bravoure brillante des champs de bataille ; il avait le courage civil, vertu plus rare et plus haute que la balle des assassins a éprouvé jusqu'à six fois sans l'ébranler, sans arracher au roi un mouvement de crainte ou de faiblesse. Pourquoi donc, au 24 février, ne s'est-il pas mis à la tête des troupes, comme il l'avait fait dans d'autres circonstances de son règne ? Pourquoi n'a-t-il pas donné l'ordre de repousser, avec la force, l'insurrection menaçante ? Parce que, derrière cette insurrection, Louis-Philippe croyait entendre la volonté de la nation qui lui avait donné le trône et qui avait le droit de le lui reprendre, ainsi qu'il le reconnut hautement dans l'acte d'abdication tracé de sa main royale. Ce n'est pas devant les fusils et devant la peur que se retirait Louis-Philippe, c'est devant un principe. On ne peut le nier, sans insulter à la mémoire du prince et sans méconnaître les traditions de toute sa vie.

Tel fut le testament politique de Louis-Philippe. Si ses enfants le répudient, s'ils cherchent un point d'appui en dehors du principe qui a fait la grandeur de leur maison, ils ne méritent pas que le pays s'occupe d'eux : ils ne sont dignes ni d'un regret, ni d'une espérance. Mais j'ai deux garants du contraire : le passé des Princes et leur présent.

L'homme, porte toute sa vie l'empreinte de son éducation : rien de plus banal et de plus incontestable que cette vérité. Quelle éducation ont donc reçu les d'Orléans ? Les a-t-on gorgés de flatteries ? Leur a-t-on dès l'enfance, répété sans cesse, en leur montrant un peuple de courtisans à genoux, que la nation, la France était à eux ; qu'ils étaient nés pour la commander ? De tels poisons sont faits, peut-être, pour les rejetons de la légitimité : mais pour ces fils du Roi-citoyen, d'autres enseignements, plus sensés et infiniment plus patriotiques furent placés, de bonne heure, sous leurs yeux Jetés au milieu de la jeunesse des colléges, ils ont grandi, ils se sont formés, tous sans exception, à son contact. Confondus parmi ces enfants du peuple, vivant de la même existence, assis sur les mêmes bancs de travail, ils ont appris de bonne heure, à ne rechercher d'autre supériorité que celle de la science et du mérite : c'est seulement par là, à vrai dire, qu'ils étaient princes et qu'ils pouvaient exercer leur royauté, au moins un jour chaque année, le jour de la distribution des Prix. Hors de là, ils redevenaient simples écoliers, avec tous les bénéfices, comme tous les inconvénients de la camaraderie du collége. Je puis le dire, moi, dont le hasard avait fait leur camarade, avant que le monde ne mit entre nous l'oubli et l'intervalle du rang : l'éducation a été pour les princes d'Orléans une continuelle leçon d'égalité presque toujours bienveillante, affectueuse, dévouée, quelquefois rude comme la main du prolétaire, comme la brutalité des haines politiques que les enfants devenus hommes devaient si cruellement ressentir plus tard. Dans cette sphère sereine du Collége, au milieu de cette existence pleine de familiarités et d'affections, où l'étude est

égayée par l'intarissable gaîté de l'enfance, les passions politiques se firent
jour et trouvèrent parfois, dans le bras vigoureux de quelque écolier, un
docile instrument. Certes de telles vengeances furent rares : et nous ne
pourrions en citer que deux ou trois exemples. Mais nous en parlons, pour
montrer, jusqu'à quelle limite, allait la sincérité de cette éducation populaire. Les Princes ont appris au Collége que leur rang, en les isolant,
était moins un avantage qu'un fardeau, et ils ont eu à vaincre par leurs
bontés, plus de froideur, plus de retenue fière, plus de réserve, qu'ils
n'ont rencontré de complaisance et de dispositions à les servir. Le collége leur a, de bonne heure, enseigné trois choses : — la première c'est
que la plus contestable des supériorités est celle due au hasard de la naissance, et la seule supériorité véritable, celle du mérite et du travail. —
La seconde, c'est que le titre de prince ne donne pas d'amis : que l'affa-
bilité de caractère, les qualités du cœur, les services rendus conquièrent
seules des dévouements solides. — Le troisième fruit qu'ils ont retiré de
leur éducation, c'est l'ensemble, la nature même des idées dont est im-
preigné l'Enseignement Universitaire. Ils apprenaient l'Histoire, la Philosophie dans ces livres où là vérité n'est pas mutilée, où les droits de la
raison et de l'humanité ne sont pas sacrifiés, ou les faits ressortent avec
leur éloquence naturelle et leur signification dramatique.

Telle a été l'éducation des Princes d'Orléans, dont nous retrouvons
l'inspiration et l'influence dans toute leur conduite, depuis leur sortie
du collége. Ils ont servi le pays, chacun d'eux, en homme qui |voulait
justifier son titre de Prince, par l'exemple du travail, par l'autorité du
savoir, par une assiduité irréprochable dans l'accomplissement de ses
devoirs. Nous ne serons démenti par aucun des hommes compétents
qui ont eu quelque relation avec eux, en disant qu'ils ne se sont jamais
montrés, sous le rapport de la science et de la capacité, au-dessous des
hautes fonctions que le gouvernement leur a confiées. Ils sont restés,
d'ailleurs, à l'égard des collaborateurs que le service de l'Etat plaçait
autour d'eux, ce qu'ils avaient été au collége : grâcieux, affables pour
tous, toujours disposés à obliger, *bon camarades*. Aussi, qu'on parle de
M. de Joinville à un marin, des ducs d'Aumale et de Nemours à un officier
d'Afrique, du duc de Montpensier à un officier de l'artillerie ou du
génie : il n'en est pas un, de ceux qui les ont abordés, qui ne les re-
grette. C'est qu'on oubliait leur rang, auprès d'eux, pour les aimer ;
c'est que, s'ils étaient les premiers gentilshommes du monde par l'illus-
tration de leur origine, ils ne s'en vantaient et ne s'en prévalaient pas ;
c'est que s'ils appartenaient par le sang à la plus ancienne et à la plus
illustre des familles de France, ils appartenaient au peuple par l'éducation, par les idées, par les sentiments, par les principes, par la tête et
par le cœur... Sur la terre d'exil, ils lui appartiennent encore !

Nous en avons la conviction profonde, on calomnie le cœur des Princes d'Orléans, lorsqu'on leur prête d'autres sentiments ; on calomnie
leur intelligence lorsqu'on les suppose à la fois fidèles au principe de la
souveraineté nationale et décidés, d'une autre part, à faire valoir de pré-
tendus droits à la couronne. Je comprends le système de la légitimité,
mettant au-dessus du fait, au-dessus de tout, le roi héréditaire. Un autre système se conçoit-il ? Si la nation française veut la République, que
pourraient donc vouloir les d'Orléans qui convint mieux à leurs intérêts
aussi bien qu'à leurs antécédents ? Eux, jeunes, intelligents, instruits,
riches, illustres, qu'ont-ils à perdre, que n'ont-ils pas à gagner dans
un État où l'élection distribue le pouvoir à tous les degrés et prendra,

peu à peu, la règle de ses préférences dans la capacité individuelle ? Le hasard les avait mis sur les marches du trône : la République, le suffrage universel les dédommagera, en récompensant leur dévouement au pays par des témoignages d'estime et de confiance qu'ils ne devront plus qu'à leur mérite personnel. Serait-ce donc là un régime qui pût leur répugner, et l'éducation ne les y a-t-elle pas, de longue main, préparés ?

Si quelqu'un se croit en droit de nier ces dispositions, qu'il cite ses preuves ! Nous parlons sur la foi du passé et des antécédents, connus de tous, des princes d'Orléans : ont-ils été démentis depuis février 1848 par des paroles ou par des actes ?

Nous ne prétendons pas, assurément, que les fils de Louis-Philippe soient républicains, dans le sens surtout que certaines gens donnent à cette qualification. La République ne s'est encore fait sentir à cette famille que par des rigueurs exceptionnelles, et il serait par trop insensé d'attendre, de sa part, de la reconnaissance, en échange de ces rigueurs. Mais nous croyons les d'Orléans trop sages et trop sincèrement dévoués à l'intérêt du pays, pour ne pas être disposés à accepter le principe républicain, en lui-même, comme le plus conforme à notre caractère et à notre tempérament. Que la République révoque les lois de bannissement, qu'elle prenne bien réellement la place de la France, qu'elle soit inspirée de son esprit, animée de son âme ; qu'elle soit mère et non marâtre ; qu'elle accueille avec amour quiconque a bien mérité de la patrie ; qu'elle identifie son présent avec le passé de la France ; qu'elle associe tous les dévouements au pays, dévouement de la veille, dévouement du lendemain, dans sa reconnaissance, — et les d'Orléans serviront la France Républicaine, loyalement, utilement, comme ils ont servi la France constitutionnelle !

On se souvient des récentes explications apportées à la tribune par M. Berryer sur le voyage de Wiesbaden, par M. Thiers sur le voyage de Claremont ; on se souvient de l'interprétation donnée par M. Baroche, alors ministre de l'intérieur, à cette double démonstration : « L'une, disait-il, factieuse, s'adressant à un principe hostile à la République ; l'autre, respectueuse pour les institutions du pays, s'adressant à une infortune personnelle imméritée. » Distinction dont les orateurs qui prirent la parole, après le ministre, démontrèrent aussitôt la parfaite justesse. « Je suis allé, dit M. Berryer, en sujet fidèle, rendre mes hommages au prince qui ne peut rentrer en France sans être le premier de tous, le Roi. — Je me suis rendu, a dit ensuite M. Thiers, auprès d'une princesse malheureuse ; je n'ai trouvé là ni prétendant, ni Roi : j'ai trouvé une femme et un enfant dans l'affliction, résignés à attendre la volonté de la France et à s'y soumettre. »

Pour notre compte, nous acceptons la comparaison des dispositions qui animent les deux branches de la famille Royale, dans les termes où l'ont établie MM. Berryer et Thiers. Oui, c'est un trône que, dans un exil forcé aujourd'hui, volontaire demain, attend M. le comte de Chambord. Plutôt que de rentrer parmi nous, le second, il renonce à la France, il vivra et mourra sur la terre étrangère. L'ambition de Mme la duchesse d'Orléans et de son fils est moins exigeante : ce qu'ils pleurent, ce n'est pas le trône, mais l'exil ; ce qu'ils attendent, ce n'est pas la couronne, mais un petit coin de terre dans la patrie !..

Nous en avons l'espoir, cette consolation ne leur sera pas refusée plus longtemps. La proposition Créton va reparaître dans peu de jours. Tous les partis comprendront que le temps est venu de l'accepter. Tous, à leur point de vue, au point de vue de leurs principes, de leurs espérances, de leur avenir, ont un intérêt pressant, immense, à son adoption.

Comment les républicains avancés, par exemple, qui placent au-dessus de tout le triomphe de leur foi politique, ne voient-ils pas que, par l'exil des d'Orléans, il se privent d'une force nécessaire ou utile au salut des institutions actuelles? A leurs yeux, tout prince, tout rejeton de race royale ou impériale est, par origine, par instinct, fatalement hostile au principe républicain. Eh bien! dans ce système, que nous repoussons pour notre compte, le mieux ne serait-il pas de neutraliser un prétendant par un prétendant, au lieu de donner toutes les chances à l'un contre les autres, écartés et proscrits? — Ou cet éloignement des princes d'Orléans leur est préjudiciable, et alors il sert des ambitions plus dangereuses; — ou cet éloignement leur est favorable: pourquoi, dans ce cas, leur laisser aux yeux des masses, le prestige du malheur qui grandit souvent les hommes, hors de touteproportion, et prépare en leur faveur une réaction triomphante? — Si les d'Orléans sont les ennemis de la République, il faut que le pays le sache; il faut qu'il les voie, de près, mêlés à de honteuses manœuvres et qu'ils perdent à ses yeux la recommandation et la gloire de leur passé. Il n'est pas d'hostilités plus dangereuses que celles qui marchent à leur but par des voies détournées. Que la lutte éclate donc avec les d'Orléans! dès qu'elle deviendra manifeste, elle perdra ses dangers pour la République. — Si, au contraire, les d'Orléans sont disposés à servir et à défendre les institutions nouvelles, la République n'est pas tellement riche en hommes de cœur et de courage, la France en bons citoyens, qu'elle se puisse passer de ceux-là, qui ont fait leurs preuves.

Aux yeux des républicains modérés qui sont, je crois, le grand nombre, le temps des réparations est arrivé. Qui dit République dit gouvernement de tous, gouvernement d'égalité et de justice. Pourquoi la nôtre, gardant l'esprit violent et révolutionnaire de son origine, maintiendrait-elle la division de la nation en catégories de vainqueurs et de vaincus, réservant ses faveurs aux uns, sa haine aux autres, et traitant en ennemis quiconque a eu l'honneur de naître dans le voisinage d'un trône? — Il manque à la République, auprès des hommes calmes et impartiaux, pour consécration, un dernier caractère, celui de la stabilité et de la durée. La proscription des princes rappelle ce qu'elle fût d'abord : un coup de main, et trahit sa peur de ne pas vivre. Pour que la République paraisse à tous les yeux le gouvernement définitif de l'avenir, et non une évolution politique éphémère, une halte entre deux révolutions, elle doit avoir foi en elle-même. Qu'elle montre donc cette confiance, sans laquelle un gouvernement est mort, avant d'avoir vécu! Qu'elle donne à son principe une application entière et absolue! La patrie pour tous! La France pour tous, excepté pour ceux que le droit commun en a privés. Le droit commun a été violé, en la personne des d'Orléans, par leur exil. Tant qu'il ne leur aura pas été rendu justice, on pourra voir dans la mesure qui leur interdit le sol de la patrie, non la manifestation normale, régulière, de la République, mais l'acte violent d'un gouvernement qui, n'ayant aucune foi en son principe, cherche, dans la tyrannie de précautions oppressives, à prolonger une existence prête à s'éteindre.

Enfin, pour les hommes de toutes opinions qui veulent l'ordre matériel et le respect du pouvoir quel qu'il soit, lorsqu'ils le croient capable de les protéger, l'adoption de la proposition Créton présente un autre avantage. **Parmi les anciens amis des d'Orléans**, il peut s'en trouver qui spontanément, ne prenant de mot d'ordre de personne et se fiant à un zèle entreprenant, cherchent à courir les aventures. Ces turbulences déréglées, toujours disposées à l'agitation, émeuvent, inquiètent, préoccupent le pays. L'opinion, si prompte et par là même si légère en ses jugements, peut établir entr'eux et la famille d'Orléans une solidarité dont la vraisemblance, aussi faible qu'elle soit, trouble la conscience publique et compromet l'honneur d'un nom respecté. Mais, à cela que faire? L'éloignement ne laisse-t-il pas le champ libre? Est-ce que du fond de leur exil, les princes peuvent décliner des solidarités compromettantes qu'ils ignorent, qu'ils ne soupçonnent même pas? Ah! s'ils étaient parmi nous, on ne prostituerait pas sans doute, comme on l'a fait, la qualification d'orléanistes à ces manœuvres, à ces misérables petites conspirations, vraies ou fausses, que dénonce l'opinion. Les d'Orléans seraient les amis ou les adversaires de la République : s'ils l'acceptaient par leur déclaration, et nous ne saurions en douter, ils ne la trahiraient pas!

Les temps sont pleins d'angoisses, d'incertitudes et d'embarras! Comment simplifier une situation qui s'est si tristement compliquée et qui devient de plus en plus ténébreuse? par la franchise! Depuis trois années la France est malade d'une maladie qui l'avilit, le mensonge. Nous ne voulons pas faire une revue irritante de l'histoire des événements qui ont suivi la Révolution de Février ; mais les hommes de bonne foi en conviendront, il n'est pas une seule des grandes évolutions de la politique qui n'ait eu le caractère d'une transaction à laquelle chaque parti participait en réservant ses espérances et ses arrière-pensées. Il est urgent d'abandonner un tel système de duplicité qui dégrade les caractères et qui est indigne d'une nation généreuse. La France est fatiguée des habiletés hypocrites; elle veut que les situations soient nettes et que les opinions qui aspirent à l'honneur de gouverner ses destinées formulent clairement leur programme et leurs principes. De cette manière seulement, les complications disparaîtront, le pays pourra prononcer, en connaissance de causes, et le provisoire fera place au définitif. Il faut que les bons citoyens aident, chacun dans la sphère de son influence, dans la mesure de ses forces, à ce résultat désirable. En sollicitant l'abrogation de la loi de bannissement, c'est surtout la mise en demeure pour les Princes de la branche aînée et de la branche cadette de se prononcer solennellement sur les institutions actuelles du pays, que nous réclamons. A une pareille mesure, nous le répétons, tous les partis ont un égal intérêt; mais la France, si inquiète, si tourmentée, si impatiente de trouver une situation qui lui donne la sécurité et le calme, a un intérêt plus fort que tous les partis. Orléanistes, légitimistes, impérialistes, républicains de toutes couleurs, si ce n'est par respect pour vous-mêmes, que ce soit par patriotisme, dissipez cette atmosphère de mensonges et de contradictions, au milieu de laquelle l'œil et l'oreille du pays ne distinguent que le tumulte confus d'un champ de bataille ; soyez sincères enfin, dites qui vous êtes, dites à quel but votre ambition veut nous conduire, dites la vérité ; tous les systèmes ont leur justification dans le désir sincère d'arriver au bien public et dans la franchise loyale de leurs manifestations : il n'y a de criminelles que les prétentions qui ne s'avouent pas, qui spéculent sur la confusion des idées, et qui, armées du mensonge et de la calomnie, du masque et du poignard, marchent à leur but par les voies souterraines de la trahison !....

ÉCRIT

ADRESSÉ PAR

M. LE DUC D'ORLÉANS

A LA

PRINCESSE HÉLÈNE D'ORLÉANS.

De Toulon, le 9 Avril 1840.

Si le devoir sacré que je vais remplir doit être le dernier acte d'une carrière sans éclat, mais sans tache, je suis certain que toute ma famille ne verra dans l'expression de mes derniers vœux qu'une manière de plus de lui témoigner et l'affection et la reconnaissance dont je suis pénétré, en fournissant à tous les miens, lorsque je ne serai plus au milieu d'eux, le moyen de réaliser quelques unes des pensées que j'aurai emportées avec moi.

Mais avant d'indiquer ces vœux, que je ne consigne peut-être pas ici dans une forme légale, sachant qu'entre nous cette precaution est inutile, j'éprouve le besoin de faire agréer ma respectueuse reconnaissance au roi, qui a toujours été si bon pour moi, à la reine à qui je dois tout, et à ma tante qui m'a toujours traité comme un fils.

Quoique je sois certain que ma famille, dont je connais l'union indissoluble, fera pour moi ce que j'aurais fait en pareil cas, pour l'un de ses membres, et se regardera comme associée entièrement à toute mon affection pour ma chère Hélène, cependant j'ose croire qu'en recommandant de nouveau au roi, à la reine, à mon frère Nemours, à ma tante et à tous mes frères et sœurs, celle qui m'a rendu si heureux, j'établirai encore un lien de plus entre elle et une famille dont, je me flatte, elle partagera en tous points les destinées.

J'ai la confiance que lors même que ses devoirs vis-à-vis des enfants que je lui aurai laissés ne l'enchaîneraient pas au sort de ma famille, le souvenir de celui qui l'a aimée, plus que tout au monde, l'associerait à toutes les chances diverses de notre avenir et de la cause que nous servons. Hélène connait mes idées ardentes et absolues à cet égard, et sait ce que j'aurais à souffrir de la savoir dans un autre camp que celui où sont mes sympathies, et où furent mes devoirs. C'est cette confiance si pleinement justifiée jusqu'àprésent par le noble caractère, l'esprit élevé et la faculté de dévouement d'Hélène, qui me fait désirer qu'elle demeure, aus contestation, exclusivement chargée de l'éducation de nos enfants.

Mais je me hâte d'ajouter que si par malheur l'autorité du roi ne pouvait veiller sur mon fils aîné jusqu'à sa majorité, Hélène devrait empêcher que son nom ne fut prononcé pour la régence et désavouer hautement toute tentative qui se couvrirait de ce dangereux prétexte pour enlever la régence à mon frère Nemours ou, à son défaut, à l'aîné de mes frères. En laissant, comme c'est son devoir et son intérêt tous les soins du gouvernement à des mains viriles et habituées à manier

Encore un mot avant de terminer.

Dans quelques-unes des lignes qui précèdent, nous avons nommé tous les fils du roi Louis-Philippe — un seul excepté, cet infortuné duc d'Orléans dont le France entière, il y a neuf ans à peine, a pleuré la fin prématurée. Avec lui, tomba le plus ferme soutien de la dynastie, l'homme le plus capable et le plus digne de gouverner la France constitutionnelle. De cette époque fatale datent les malheurs de Louis-Philippe. Il semble qu'en le perdant le Roi eut perdu son bon génie !...

Le nom du duc d'Orléans restera. Lors même que le souvenir des services qu'il a rendus à la France, de la part qu'il a prise en 1832 au siège d'Anvers ; en 1835, aux victoires de Mascara et de l'Habra où il fut blessé ; en 1839 et en 1840 aux brillants faits d'armes de nos troupes contre Abd-el-Kader ; lors même que le souvenir de ses grandes qualités devrait s'effacer de la mémoire de ce pays qui oublie si vite les vivants et plus vite les morts, — il est un document qui recommandera le Duc d'Orléans à l'admiration de la postérité et à l'éternelle reconnaissance de sa patrie. Nous parlons du testament qu'il rédigea, deux ans avant sa mort, au moment de se rendre en Algérie et en prévision des dangers de la guerre qui allait s'engager, d'une manière plus meurtrière et plus décisive.

Cette pièce, publiée par un journal dans les premiers mois qui suivirent la dernière Révolution, est connue. Mais sans la circonstance du sac des Tuileries, elle serait restée certainement ignorée du public et de tous peut-être, excepté des Princesses auxquelles elle fut adressée. Il y a donc eu quelque chose de providentiel dans le hasard qui a sauvé et produit au grand jour de la publicité, pour le mettre sous les yeux de la France, ce monument de patriotisme et de haute raison. Au moment où la conduite que doivent tenir en face des éventualités de l'avenir, et à l'égard de la France Républicaine, les membres de la famille Royale, est l'objet de commentaires sans nombre, il nous a paru utile de rappeler quelles furent les dernières volontés de M. le duc d'Orléans. L'attachement respectueux qu'ont montré en toute circonstance les fils de Louis-Philippe, à l'égard de leur frère aîné, leur déférence profonde pour la supériorité incontestable de son intelligence, ne nous permettent pas de douter un instant qu'ils n'aient adopté la ligne de conduite, conforme aux traditions de leur famille, qu'il leur avait tracée. Quant à Madame la Duchesse d'Orléans, cette femme d'un grand cœur et d'une admirable intelligence, cette épouse qui a voué une sorte de culte à la mémoire de son mari, le testament que nous reproduisons a été la règle de tous ses actes, et le point de vue auquel elle s'est constamment placée dans l'accomplissement de sa mission maternelle et politique. A ceux donc qui demandent quels peuvent être aujourd'hui les projets des d'Orléans; les principes et les idées inspirés au jeune comte de Paris, sous la direction de l'auguste Princesse, sa mère, — nous repondrons, par cette voix sortie de la tombe !...

DAUBAN.

Ancien Rédacteur en chef du BRETON.

l'épée, Hélène se dévouerait toute entière à l'éducation de nos enfants , comme elle s'est dévouée à moi.

C'est une grande et difficile tâche de préparer le comte de Paris à la destiné qui l'attend ; car personne ne peut savoir, dès à présent, ce que sera cet enfant LORSQU'IL S'AGIRA DE RECONSTRUIRE SUR DE NOUVELLES BASES UNE SOCIÉTÉ QUI NE REPOSE AUJOURD'HUI QUE SUR LES DÉBRIS MUTILÉS ET MAL ASSORTIS DE SES ORGANISATIONS PRÉCÉDENTES. Mais que le comte de Paris soit un de ces instruments brisés avant qu'ils n'aient servi, ou qu'il devienne l'un des ouvriers de cette régénération sociale qu'on n'entrevoit encore que, de bien loin, à travers de grands obstacles et peut-être des flots de sang ; QU'IL SOIT ROI OU QU'IL DEMEURE DÉFENSEUR OBSCUR OU MÉCONNU D'UNE CAUSE A LAQUELLE NOUS APPARTENONS TOUS, IL FAUT QU'IL SOIT AVANT TOUT UN HOMME DE SON TEMPS ET DE SA NATION, QU'IL SOIT CATHOLIQUE ET SERVITEUR EXCLUSIF DE LA FRANCE ET DE LA RÉVOLUTION.

Je suis certain que tout en restant personnellement fidèle à ses convictions religieuses, Hélène élèvera scrupuleusement mes enfants dans la religion de leur père , dans cette religion catholique , qui fut de tous temps celle que la France a professée et défendue ET DONT LE PRINCIPE EST SI PARFAITEMENT D'ACCORD AVEC LES IDÉES SOCIALES NOUVELLES , AU TRIOMPHE DESQUELLES MON FILS DEVRA SE CONSACRER.

Sans vouloir ni pouvoir tracer d'avance un plan d'éducation pour mon fils , j'indiquerai ici quelques points principaux dans la route qu'il suivra. Je tiens à ce qu'il commence de bonne heure l'étude des langues étrangères, et plus tard celle de l'histoire qu'il faudra lui faire sérieusement approfondir, les talents d'agrément ne devront l'occuper que très-accessoirement, surtout pendant qu'il partagera l'éducation publique de ses contemporains. J'espère que, d'ici là, une réforme sérieuse de l'enseignement universitaire l'aura mis plus en harmonie avec les besoins de la société ; mais , quoiqu'il en soit , je demande formellement que mon fils soit soumis à cette épreuve de l'instruction publique, qui peut seule , dans un siècle où il n'y a d'autre hiérarchie possible que celle de l'intelligence et de l'énergie, assurer en lui le complet développement de ces deux facultés. Je désire même, sans vouloir faire entrer mon fils à l'Ecole Polytechnique, qu'il subisse l'examen public d'admission à cette école. Lorsqu'il commencera sa carrière et ses travaux militaires, que ses premiers services soient dans l'infanterie , dans cette arme nationale des Français depuis tant de siècles , et dans les rangs de laquelle le peuple tout entier devra entrer, le jour où l'on tentera d'exécuter contre la France , contre ses idées et sa dynastie, la sentence depuis longtemps rendue contre ces illustres contumaces.

Mais ce que je recommande surtout à ma chère Hélène, ce pourquoi j'ose compter aussi beaucoup sur la reine, c'est la direction morale à donner à l'éducation de mon fils; ce sont les impressions qu'il ne trouvera ni dans les livres ni dans les leçons de ses maîtres , et qu'on ne saurait lui donner de trop bonne heure.

Hélène sait que ma foi politique m'est encore plus chère que mon drapeau religieux ; mes convictions étant après mes affections ce que j'ai de plus précieux au monde , je tiens à les léguer à mon fils , non par sot orgueil de me croire infaillible , mais par un sentiment profond et raisonné de fidélité.

C'est d'ailleurs le seul héritage que je puisse léguer à mon fils , n'ayant à lui transmettre ni une fortune , ni un nom que je me sois fait , ni une épée dont je me sois servie ; mais je lui léguerai mieux que cela, je lui laisserai ce qui doit le plus toucher une âme élevée , de grands devoirs à remplir et d'immenses obstacles à surmonter pour les accomplir. EN LUI LÉGUANT LA DÉFENSE D'UN PAYS ET D'UN PRINCIPE MENACÉS, JE DOIS LUI LÉGUER EN MÊME TEMPS LA FOI DANS LEUR BON DROIT ET LEUR TRIOMPHE FINAL. Que ces pensées et ce dévouement morts en moi sans avoir été appliqués, germent dans le cœur de mon fils ; QUE DANS SON AFFECTION POUR LA FRANCE , IL SACHE TOUJOURS ÊTRE SON COMPLICE ET JAMAIS SON GARDIEN ; qu'il ne pense à ses aïeux que pour sentir combien la grandeur de sa race ajoute encore à l'étendue de ses devoirs ; qu'il n'apprenne qu'il est de la première famille du monde, que pour être fier et digne de tenir un jour dans ses mains les destinées de la cause la plus belle qui , depuis le christianisme , ait été plaidée devant le genre humain ; QU'IL SOIT L'APOTRE DE CETTE CAUSE ET AU BESOIN SON MARTYR.

Voilà ce qu'Hélène répétera encore à mon second fils , si c'est un fils auquel elle doit bientôt donner le jour...
. . . .
. . . .
. . . .
. . . .

Je recommande à tous mes frères et sœurs de tout sacrifier mutuellement à la conservation de l'union étroite qui règne entre nous et que j'aurais tant cherché à maintenir. Que tout soit commun entre eux ; bourse, genre de vie, plaisirs, peines, pensées et émotions de tout genre ; qu'ils ne soient que les différents membres d'un même corps animé par une seule âme ; que leur principe soit : tout pour un, un pour tous ; et qu'ils ne songent plus désormais à moi que pour remplacer ce que la famille aura perdu de force, en ajoutant à leur valeur individuelle par leur travail et leur honorable conduite.

Après les membres de ma famille que je viens de nommer les personnes qui ont contribué au mariage qui a fait le bonheur de ma vie sont celles à qui je dois le plus. Je ne sais si j'ose prononcer ici le nom du roi à qui je suis personnellement attaché. Hélène jugera ce qui sera convenable. Mais je nommerai MM. le prince de Witgentein, de Servilden, de Randzau, Mmes de Bassewitz et Bontemps ; M. Thiers qui a entamé les négociations ; le comte Bresson que je regarde comme un ami éclairé ; le duc de Broglie qui a pris aussi part à cette affaire et le comte Molé qui l'a conclue. Comme c'est lui qui m'a marié, qui a reçu mon fils à sa naissance ; comme il a attaché à mon mariage le grand acte de l'amnistie, le premier pas vers la fusion de tous les Français par l'oubli du passé et un intérêt commun dans l'avenir, je veux lui léguer un témoignage spécial de mes sentiments, et je le prie d'accepter les deux tableaux de Mignon de mon ami M. Scheffer et qui sont parmi ceux de ma galerie que j'aime le mieux.

. . . .
. . . .

Enfin puisqu'il faut arriver à dire un mot de moi, je désire que mon enterrement ait lieu sans pompe. J'ai évité, pendant ma vie, autant que j'ai pu, les comédies, et je ne voudrais ni ennuyer le monde après ma mort, ni surtout faire servir mon cadavre à une mascarade posthume dont le seul résultat serait de faire bailler les indifférents et d'amuser les curieux. Mes vrais amis sauront bien me trouver.

La dernière ligne de cet écrit sera pour demander pardon aux personnes que j'aurais pu offenser ; pour dire encore adieu à ma famille, à laquelle je lègue mon esprit d'union, trésor précieux qui les menera bien loin, s'ils savent s'en servir ; pour exprimer mes vœux ardents pour le triomphe de la cause française dans le monde, et mon dernier mot sera pour mes enfants et pour ma chère Hélène.

Signé : **FERDINAND PHILIPPE D'ORLÉANS.**

Toulon (Var), le neuf Avril mil-huit-cent-quarante.   **P. O.**

Nantes. — Imp. W. Busseuil.